AF561598

LE MARI COUPABLE,

COMÉDIE

EN TROIS ACTES, EN PROSE,

PAR LA CITOYENNE VILLENEUVE

Représentée, pour la première fois, sur le Théâtre de la Cité, le quatrième jour complémentaire, l'an second de la République.

Prix, 30 sols.

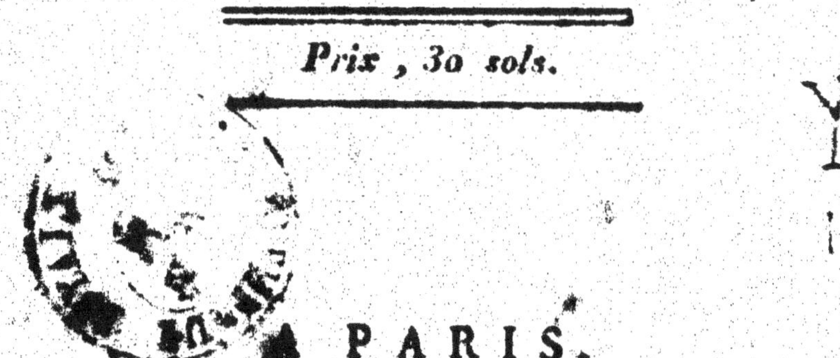

A PARIS,

Chez BARBA, Libraire, rue Gît-le-Cœur, n°. 15.

TROISIÈME ANNÉE DE LA RÉPUBLIQUE.

PERSONNAGES.	ACTEURS.
	Les Citoyens
DORFEUIL	*Villeneuve.*
DUMON, ami de Dorfeuil	*Saint-Clair.*
LINVAL, amant de Cécile	*Aubin.*
FRANÇOIS, Domestique de Dorfeuil.	*Fregires.*
JOSEPH, autre Domestique	*Tiercelin.*
	Les Citoyennes
La cit. DORFEUIL, épouse de Dorfeuil.	*Germain.*
CÉCILE, fille de Dorfeuil	*Saint-Clair.*
JULIE, Femme-de-chambre	*Policier.*

La Scène est à Paris, dans un salon de la maison du Citoyen Dorfeuil.

LE MARI COUPABLE.

ACTE PREMIER.

Le théâtre représente un salon.

SCÈNE PREMIÈRE.

La citoyenne DORFEUIL, JULIE.

La citoyenne DORFEUIL.

JULIE, je vais finir ma toilette. Dis-moi quel ajustement me sied le mieux ?

JULIE.

Tous vous vont à merveille.... Quand on est si jolie !....

La citoyenne DORFEUIL.

Ma bonne Julie, tu me vois avec les yeux de l'amitié, et je crois que, sœur de l'amour, il lui prête souvent son bandeau.

JULIE.

Non, Citoyenne : tout le monde vous voit ainsi que moi, et vous rend justice..... excepté votre époux, dont....

La citoyenne DORFEUIL.

Mon époux m'aime.... m'estime.... Cesse de l'accuser : il a des vertus.

JULIE.

Oui ; mais ses défauts en ternissent l'éclat.

La citoyenne DORFEUIL.

Julie, oublierois-tu que tu parles à la mère de ses enfans ?

A 2

JULIE.

O ma tendre amie! permettez-moi ce doux nom; depuis un an je vois des larmes qu'un mari volage fait couler.

La citoyenne DORFEUIL.

Que dites-vous, Julie?

JULIE.

La vérité. En vain vous voulez me cacher le trouble de votre ame: je lis dans vos yeux; et puis-je ne pas en vouloir à celui qui vous outrage?

La citoyenne DORFEUIL.

Je n'ai pas de chagrin, je vous le répète. Respectez mon époux, ou....

JULIE.

Non, je ne puis me taire; et dussiez-vous vous fâcher; je vous dirai qu'il est indigne du citoyen Dorfeuil d'abandonner une femme belle, spirituelle et vertueuse, pour....

La citoyenne DORFEUIL.

Personne. (*à part.*) Ciel! d'où peut-elle savoir qu'il s'est manqué? (*haut.*) Dorfeuil, sous un air froid, cache un cœur sensible.

JULIE.

Oui, pour d'autres.

La citoyenne DORFEUIL.

Non, Julie; je ne lui suis point indifférente. Un léger nuage peut bien obscurcir un beau jour; le soleil paroît, le dissipe bientôt, et le ciel en redevient plus pur. Mes soins, mon amour, ma complaisance rameneront ce cœur que je n'ai pas perdu, mais qui peut-être cherche à m'échapper. Sur-tout, Julie, si tu m'aimes, lis dans ses yeux; que ses vœux, ses moindres desirs soient prévenus; que la vertu douce, aimable, habite ces lieux; qu'une innocente gaieté les embellisse: rendons sa maison un paradis, et qu'il n'en sorte jamais sans desirer y rentrer bientôt. Mais viens m'aider à m'embellir : j'ai remarqué qu'un négligé simple le flattoit davantage. Hier, il a jeté sur moi un regard satisfait. Combien ce nouvel ajustement m'est précieux ! ah, ma bonne ! je ne le quitterai que lorsqu'il paroîtra lui déplaire.

SCÈNE II.

Les précédens, CÉCILE.

CÉCILE, *courant embrasser sa mère.*

BONJOUR, ma belle maman.

La citoyenne DORFEUIL.

Tu as fini ta toilette de bonne heure ? C'est bien, ma Cécile : il faut être diligente, et je vais t'imiter.

CÉCILE.

Oui : et papa, je le parie, ne rentrera pas pour dîner. Tu dis toujours qu'il faut soigner sa parure pour l'intéresser : ah ! c'est bien perdre son temps ; on le voit si rarement !....

La citoyenne DORFEUIL.

Des affaires l'occupent....

CÉCILE.

Tous les jours donc ? à toute heure ? Ah ! quand je serai mariée avec Linval, je veux qu'il ait moins d'occupation, et qu'il soit plus souvent près de moi.

La citoyenne DORFEUIL, *attendrie.*

Ma fille, l'absence de mon époux n'altère point mon bonheur : je suis heureuse, et je desire..... Ma Cécile, ton père aime la musique ; cette *sonnate* que tu exécutas l'autre jour sur ton clavecin parut l'amuser : il resta quelques minutes de plus près de nous. Eh bien, qu'en arrivant il t'entende répéter ce morceau : cette attention le flattera, et mon cœur t'en saura gré.

(*Elle embrasse sa fille, et sort avec Julie.*)

SCÈNE III.

CÉCILE, *seule.*

ELLE se dit heureuse ? Non, elle ne l'est pas : des larmes, en prononçant ces mots, étoient prêtes à couler..... J'aime papa.... mais combien je le chérirois s'il n'affligeoit pas maman !.... Car c'est son absence, je le vois, qui cause sa peine.... Mais qu'a-t-il à lui reprocher ? elle est si bonne ! si prévenante !.... Tout cela me tracasse.... Ah ! si Linval arrivoit en ce moment, comme je le gronderois ! Il auroit beau être charmant, me dire qu'il m'adore ; je crois que je ne pourrois ajouter foi à ses discours.... Je serois pourtant bien aise d'être mariée avec lui..... Ah ! toute réflexion faite, Linval peut venir ; je crois que je ne gronderai pas.... Allons, répétons cette sonnate. (*Elle se met à son clavecin, et commence un morceau. Si l'actrice n'en sait pas toucher, l'orchestre y suppléera.*)

SCENE IV.

DORFEUIL, CÉCILE.

DORFEUIL, *en entrant.*

TOUJOURS de la musique ! à la fin, cela excède.

CÉCILE.

Papa, c'étoit pour te plaire : ce morceau a paru te flatter.

DORFEUIL, *avec humeur.*

Ce qui m'a plu hier me déplaît aujourd'hui : cela m'ennuie, vous dis-je..... (*s'appercevant que Cécile s'attriste, il lui dit avec douceur :*) Mais tu ne pouvois le deviner, Cécile, et je ne t'en veux pas.... Dis-moi, Linval est-il venu ?

CÉCILE.

Non, papa.

DORFEUIL.

Je vais chez lui ; il faut que je lui parle.

CÉCILE, *retenant son père.*

Tu veux nous échapper ; et maman qui t'attend et qui se fait une fête de te revoir : tu vas l'affliger encore !

DORFEUIL.

Ah, ah ! votre mère se plaint de moi !

CÉCILE.

Elle ? tu n'es pas juste, si tu peux le penser.

DORFEUIL, *à part.*

Elle a raison. (*haut.*) Cécile, laisse-moi sortir ; je suis mal ici.

CÉCILE.

Et où iras-tu pour être mieux ? L'amour et la nature t'appellent, et tu les fuis !

DORFEUIL.

L'amour, la nature ne sont pas seulement en ces lieux.

CÉCILE.

Que veux-tu dire ?

DORFEUIL, *à part.*

Ciel ! où m'égarai-je !.... (*haut.*) Je reviendrai dans une heure.... peut-être plus tard.... Dites à votre mère de ne pas m'attendre pour dîner ; il se pourroit que je fusse retenu.

CÉCILE.

Et tu sors sans la voir ? Quel chagrin tu vas lui causer ! Souffre que je l'appelle, je t'en conjure.

DORFEUIL.

Non ; il est inutile.

CÉCILE, *tendrement.*

Tu ne l'aimes donc plus ?

DORFEUIL, *vivement.*

La mère de mes enfans ?.... je l'estime.... la révère.

CÉCILE.

Eh bien, permets-moi de rester un instant ; je cours près d'elle et te l'amène : tu verras comme elle est jolie ! La joie de te revoir va l'embellir encore !.... Tu me promets d'attendre mon retour ? Ne t'en va pas ; cela seroit trop cruel.

DORFEUIL.

Aimable fille ! je ne puis te refuser : va, je reste.

CÉCILE.

Tu me le promets ?

DORFEUIL.

Oui.

CÉCILE, *en s'en allant.*

Ah ! volons la chercher ; procurons-lui du moins un instant de bonheur.

SCÈNE V.

DORFEUIL, *seul.*

En vain je cherche à m'éviter moi-même.... le trouble me poursuit sans cesse.... Epoux infidèle !... séducteur infame !... tu outrages la vertu, et ne peux renoncer au crime.... Ma femme, si tu savois combien je suis vil !.... ton amour se changeroit en haine, et je n'aurois pas le droit de m'en plaindre.... je l'ai bien mérité !.... Mais qui m'empêche de lui rendre ce cœur ?.... qui ?.... Adèle, la malheureuse Adèle !.... Fille vertueuse jusque dans sa foiblesse !.... elle me crut libre.... elle espéroit qu'un jour l'hymen.... La crainte de la perdre fit taire les remords.... je frémis de l'éclairer.... Ce funeste silence l'entraîna dans l'abîme, et cause aujourd'hui tous nos maux.—Adèle est mère !.. Adèle m'adore !.... elle me suppose des vertus.... Qu'elle est loin de soupçonner.... La vie retirée qu'elle mène lui cache l'affreuse vérité, et je n'ose la lui dire.—Je tiens à ma femme.... je ne veux point m'en séparer.... M'en séparer !... eh ! qu'ai-je à lui reprocher ?.... trop d'amour.... Ma situation est affreuse.... on ne sauroit la concevoir.... Honteux, embarrassé devant mon épouse... déchiré par les larmes d'Adèle... je suis mal par-tout.... O vertu ! que ceux qui t'abandonnent se préparent de regrets, et qu'il est difficile de te rappeller dans un cœur que le vice a flétri ! Ciel ! on vient : remettons-nous.

SCENE VI.

DORFEUIL, la citoyenne DORFEUIL, CÉCILE, FRANÇOIS, JULIE.

La citoyenne DORFEUIL, *entrant sur la scène : elle est en négligé simple, mais galant.*

Mon ami, je te revois : nous te posséderons aujourd'hui, je l'espère. Vois ta fille, vois ces bonnes gens qui gémissent ainsi que moi de ton absence : donne quelques instans à l'amitié. Que ce jour soit tout au plaisir.

DORFEUIL, *à part.*

Qu'elle est bien ! j'ai cru voir Adèle.... (*haut.*) Une affaire pressante exige que je sorte, et....

La citoyenne DORFEUIL, *tendrement.*

Je ne veux pas te contrarier : mais tu pourrois peut-être remettre à demain.

DORFEUIL.

Non.... Je veux parler à Linval.... Il faut que je le voie ce matin.

FRANÇOIS, *vivement.*

Oh bien, tant mieux !

DORFEUIL.

D'où te vient cette joie ?

FRANÇOIS.

C'est que vous resterez avec nous ; car le citoyen Linvol vient de faire dire qu'il seroit ici dans une petite demi-heure.

DORFEUIL *à part.*

Quel embarras !

CÉCILE.

Ah ! papa, plus d'excuses, tu es mon prisonnier.

DORFEUIL.

J'ai absolument besoin de sortir, vous dis-je, il est inutile de me contraindre.

La citoyenne DORFEUIL.

Te contraindre ! ah ! jamais. Ton bonheur est le mien, et s'il existe pour toi hors de ces lieux, si tu m'assures que loin d'ici ton cœur sera content, le mien n'en murmurera jamais. .

CÉCILE.

Non papa, tu ne m'échapperas pas.

La citoyenne DORFEUIL.

Cécile, laissez sortir votre père.

FRANÇOIS.

Citoyen, faudra-t-il vous attendre?

DORFEUIL, *embarrassé.*

Oui. . . ce soir.

La citoyenne DORFEUIL *tristement.*

Bien tard?

DORFEUIL *après un court silence.*

Mais . . . non . . . (*à part.*) Je voudrois rester près d'elle, sécher ses larmes ; mais Adèle souffre, et..... allons.

(*Il sort, François le suit.*)

SCENE VII.

La Citoyenne DORFEUIL, CÉCILE, JULIE.

JULIE, *après un instant de silence.*

AFFLIGEZ-VOUS maintenant... Ah! si le ciel me donnoit un époux, et qu'il osât...

La citoyenne DORFEUIL *bas à Julie.*

Silence, silence devant ma fille.

CÉCILE.

Mais aussi, maman, pourquoi ne lui avoir pas dit: Reste, monsieur, je le veux?

La citoyenne DORFEUIL.

Cécile, femme qui veut se faire aimer, prie, mais n'ordonne jamais.

SCÈNE VIII.

Les précédens, DORFEUIL, DUMON, LINVAL.

DUMON *ramenant Dorfeuil.*

NON, te dis-je, tu dîneras avec nous. Citoyenne, voici un fugitif que je te ramène.

La citoyenne DORFEUIL.

Je t'en remercie bien sincèrement; mais il se pourroit que cela dérangeât ses projets, et je te supplie de ne pas...

DUMON.

Bah! il m'alléguoit un tas de raisons qui ne valoient rien; aussi n'en ai-je tenu compte.

La citoyenne DORFEUIL *bas à son mari.*

Cela peut te contrarier; sors, je saurai t'excuser.

DORFEUIL *à part.*

Tant de bonté m'accable!.. (*haut.*) Non, mon amie, je reste avec plaisir!

La citoyenne DORFEUIL.

Ah! de quel poids ce mot soulage mon cœur!

LINVAL.

La belle Cécile ne me dit rien?

CÉCILE.

Je vous avertis que je ne suis pas aimable aujourd'hui.

La citoyenne DORFEUIL, *avec joie.*

Que dis-tu, Cécile? tu ne lis donc pas dans mes yeux?

CÉCILE *avec finesse, voyant son père et sa mère sourire.*

Ah! je vois.... (*à Linval.*) Linval, maman a raison; je ne bouderai pas.

LINVAL.

Vous serez toujours adorable.

CÉCILE.

Ne vous y fiez pas.

SCENE IX.

Les précédens, FRANÇOIS.

FRANÇOIS.

CITOYENS, le dîner vous attend.

DUMON.

Mon garçon, nous allons le trouver: quant à moi, j'y ferai honneur. (*bas à Dorfeuil.*) Après, tu m'accorderas un instant d'entretien; il faut que je te parle.

DORFEUIL, *du même ton.*

Bien volontiers: au sortir de table dans ce salon. (*Donnant la main à sa femme.*) Viens.

JULIE, *à François.*

Et toi, range ici; que tout soit en ordre.

FRANÇOIS.

Oui, oui; ça suffit, madame j'ordonne.

SCÈNE X.

FRANÇOIS, *seul.*

Que je suis content lorsque je vois tout le monde gai ! Il n'y a rien que je haïsse plus que la tristesse ! ça n'est bon à rien ; ça maigrit, voilà tout. Mais qu'est-ce qui mérite mieux d'être heureux que ces bonnes gens-ci ? ça est bons citoyens, amis de l'Égalité, et ça je dis pas pour la frime : ils ont toujours été humains, sensibles, soulageant le pauvre sans orgueil ; enfin, c'est un ménage bien assorti, et malgré ça, il y a quelque chose qui ne va pas ; on ne me dit rien ; mais je devine. Tout cela me tourmente, parce que je les aime. Allons, il faut espérer : ils ont aujourd'hui un air de satisfaction qui me rassure ; cela est de bon augure. Tiens, voilà Joseph.

SCÈNE XI.

FRANÇOIS, JOSEPH.

FRANÇOIS.

Que demandes-tu, gros réjoui ?

JOSEPH.

Ce que je demande ? Deux sols.

FRANÇOIS.

Et pourquoi faire ?

JOSEPH.

Pardine ! pour ce petit papier, il m'a coûté ça, et je te le remettrai pour le même prix ; je n'y gagnerai rien, comme tu vois.

FRANÇOIS.

Ah ! c'est de la petite poste. Voilà les deux sols : va, mon garçon.

JOSEPH.

T'es déjà las de me voir ?

FRANÇOIS.

Non ; mais je sais que tu as de l'ouvrage.

JOSEPH.

Ah ! je m'en vante ! balayer, faire les feux, répondre à la porte, faire des commissions ; faudroit avoir six corps : mais malgré ça, je ne me plains pas ; les bourgeois sont bons. Ah, mon dieu ! la belle chose que l'Egalité ! J'ai du travail, eh ben, je le faisons gaiement : autrefois j'étions si malheureux ! Le chien d'un faquin nous auroit mordu, que je n'aurions pas osé lui dire, chien va-t-en : mais aujourd'hui je saurions remoucher le maître. Ah ! François, que j'aime la Liberté ! Tiens, je ne la donnerions pas pour tous les trésors du monde : je la laisserons en héritage à nos enfans ; et s'ils savent bien la conserver, comme je suis sûr qu'ils le feront.....

FRANÇOIS.

Le bonheur sera leur fidèle compagnon.

JOSEPH.

Et c'est pour ça que je veux me ma... Je veux donner à la Patrie de jolis petits républicains. Que j'aurai de plaisir à les voir croître sous mes yeux ! Tiens, François, faire des enfans dans ce siècle fortuné, c'est faire des heureux.

FRANÇOIS.

Tu as raison, mon cher ami, et je t'approuve ; mais pense à ta besogne. Voici l'heure du dîner, et...

JOSEPH.

Je le croirois assez à mon appétit. Allons, je m'en vais finir mon escalier. As-tu vu comme tout est propre ? Oh mais ! c'est que quand je m'y mets.... Tiens, le clavecin de la jeune Citoyenne : elle vous trémousse si joliment ses petits doigts là-dessus !.... Si j'essayois, je ferois bien autant du bruit qu'elle.

FRANÇOIS.

Laisse donc ; tu vas le désaccorder.

JOSEPH.

Si c'est comme ça, je n'y touche pas ; car j'aime l'accord ; moi. A revoir.

FRANÇOIS.

A revoir, Joseph.

SCÈNE XII.

FRANÇOIS, JULIE.

JULIE.

FRANÇOIS, on te demande dans la salle.

FRANÇOIS, *la lettre à la main.*

J'y vais.

JULIE.

Pour qui cette lettre que tu tiens ?

FRANÇOIS.

Pour le citoyen Dorfeuil.

JULIE.

Montre-la moi.

FRANÇOIS.

Non ; je vais dans le salon la lui remettre tout de suite.

JULIE.

Eh, quel mystère ! montres toujours.

FRANÇOIS, *la lui remettant.*

Que ces femmes sont curieuses ! Et que verras-tu sur une adresse ?

JULIE *la regarde et la lui rend.*

C'est une écriture de femme.

FRANÇOIS.

Cela te choque, Julie? Celui qui t'épousera fera bien d'aller droit; car je crois que tu seras jalouse.

JULIE.

Les hommes sont étranges! c'est conscience, n'est-ce pas, que de les soupçonner?

FRANÇOIS.

Femme méfiante engage à tromper.

JULIE.

Et femme confiante ne l'est pas, veux-tu dire? Tu me fais pitié!

FRANÇOIS.

La première effarouche l'amour et le fait enfuir pour toujours; la dernière le rappelle: que cela te soit dit en passant.

JULIE.

Ah! tous les hommes se soutiennent.

FRANÇOIS.

Et toutes les femmes se déchirent; c'est un tort que nous avons peine à leur pardonner.

SCENE XIII.

Les précédens, CÉCILE.

CÉCILE.

François, va donc, maman te demande.

FRANÇOIS.

J'y cours. (*Il sort.*)

SCÈNE

SCENE XIV.

CÉCILE, JULIE.

CÉCILE.

Ah, ma bonne, partage ma joie ! Mon père, loin d'avoir cet air ennuyé qu'il apportoit toujours près de nous, paroît enchanté : il parle bas à ma mère ; elle sourit. Le dîner est charmant ! La joie bruyante de Damon ne gâte rien. Linval me paroît plus aimable que jamais. Je crois que le bonheur de maman me rend plus jolie ! Enfin mon cœur est content. Mon amie ! je voudrois pouvoir te peindre.... mais non ; mes expressions seroient trop foibles. Viens admirer toi-même ce tableau ravissant, viens jouir de ce spectacle. Ah ! pour les bons cœurs, voir des heureux, c'est le comble de la félicité.

FIN DU PREMIER ACTE.

ACTE II.

SCENE PREMIÈRE.

LINVAL, CÉCILE.

CÉCILE, *en entrant.*

AH ! laissez-moi, Linval ; je vous en veux.

LINVAL.

Ai-je pu vous offenser ?

CÉCILE.

Oui : faites l'ignorant, cela vous sied bien. Pendant le dîner, Monsieur est fort aimable : au dessert, il devient mauvais plaisant. Papa dit : Cécile sera capricieuse, jalouse ; vous aviez grand soin d'applaudir : et content de vous-même, vous croyez que je dois l'être aussi ? Oui, riez : mais vous ne concevez pas combien vous me déplaisez !

LINVAL.

Votre colère est charmante !

CÉCILE.

Vous le croyez ? Mais je suis terrible quand on me fâche : je boude, je suis méchante.

LINVAL.

Ce portrait n'est pas flatté.

CÉCILE.

C'est que je ne veux pas vous tromper. Au reste, je suis bien bonne de vous dire tout cela ; car mon parti est pris : je ne veux plus me marier.

LINVAL.

Là, bien sûr?

CÉCILE.

Oh! très-sûr; je n'épouserai jamais un homme.

LINVAL.

Ceci me paroît fort : et pourquoi?

CÉCILE, *tristement.*

Parce qu'ils sont tous trompeurs.

LINVAL.

Un simple badinage a-t-il pu vous affecter? On dit que vous serez jalouse? ah! soyez-le, Cécile; c'est ce que je desire.

CÉCILE.

Eh bien, vous serez satisfait : mais c'est qu'aussi je vous aime... et c'est bien naturel. Maman m'a répété cent fois : Linval t'es destiné pour époux; c'est un bon républicain : son ame est pure, ses mœurs sont honnêtes; il est jeune, il te chérit : donne-lui ton cœur, il le mérite, et je crois qu'il fera ton bonheur. Accoutumée à suivre en tout ses conseils, je n'ai point été rebelle à celui-là; et, en vérité, ce n'étoit pas l'instant de désobéir pour la première fois.

LINVAL.

Aimable amie! oui, je ferai ton bonheur.

CÉCILE.

Toujours?

LINVAL.

Toujours.

CÉCILE.

Ah! l'on promet quelquefois plus que l'on ne peut tenir; et je crains... Linval, ne me trompez jamais; je sens que j'en mourrois.

SCÈNE II.

Les précédens, DORFEUIL, DUMON.

DUMON.

Ah! voilà nos jeunes gens!

DORFEUIL.

Ma Cécile, laisse-nous; vas rejoindre ta mère.

CÉCILE.

Papa, Linval peut me suivre?

DORFEUIL.

Oui.

SCÈNE III.

DORFEUIL, DUMON.

DUMON.

Ces pauvres enfans, ils s'adorent! cela doit te charmer?

DORFEUIL, *indifféremment.*

Sans doute... Mais tu voulois me parler? quel est le sujet?

DUMON.

Le voici. Dorfeuil, nous sommes amis depuis vingt ans; je crois avoir des droits à ta confiance; et cependant depuis près de six mois, le cérémonial a remplacé chez toi la vive et franche amitié. Tu parois dévoré de peines; qu'as-tu?

DORFEUIL.

Dumon, je suis toujours le même, et...?

DUMON.

Tu me trompes. Crains-tu de faire rougir le compagnon de ton enfance? Aurois-tu trahi l'honneur, la Patrie?

DORFEUIL.

Arrête : je puis être coupable ; mais jamais d'un tel forfait.

DUMON.

Eh bien, parle. Dis, qui peut causer le trouble qui t'agite, et qu'en vain tu veux me cacher ? Ta femme, belle, sage, est mélancolique. Je viens sans cesse ici, et ne t'y rencontre jamais. Tu l'affliges. Qui peut t'éloigner de ta maison ?

DORFEUIL.

Je ne puis te le dire.

DUMON.

Tu ne peux me le dire ? homme ingrat ! Depuis vingt ans, je verse dans ton sein mes peines et mes plaisirs, je te chéris comme un frère ; j'exposerois mes jours pour conserver les tiens, et tu m'offenses par une froide réserve.

DORFEUIL.

Cesse de m'accabler. Si tu pouvois lire dans ce cœur !...

DUMON.

Non, il est fermé à l'amour, à l'amitié.

DORFEUIL, *à part.*

A l'amour !...

DUMON.

Je ne puis rien obtenir ? c'en est fait : je me retire et tu ne me reverras jamais.

DORFEUIL.

Ecoutes ; prends pitié d'un ami malheureux ! Ah ! si j'osois t'avouer...

DUMON.

Parles, que crains-tu ?

DORFEUIL.

De perdre ton estime.

DUMON.

Dorfeuil, l'homme est foible ; mais un moment d'erreur peut se réparer.

DORFEUIL, *au désespoir.*

Ce n'est point une erreur, c'est un crime.

DUMON.

Un crime!

DORFEUIL, *hors de lui.*

Oui, un crime qui entraîne ma femme au tombeau ; qui fait de tous ce qui m'entoure autant de victimes ; qui a conduit l'innocence dans le précipice ; qui empoisonne ma vie et rendra mes derniers jours affreux !

DUMON.

Tu me fais frémir ! Achève.

DORFEUIL.

Ma femme, cet ange bienfaisant à qui le ciel devoit un autre époux, je l'ai trahie pour...

DUMON.

Une de ces femmes qu'un honnête rougit de connoître.

DORFEUIL.

Non, Dumon, ne l'accuse point, elle est vertueuse, elle crut ton ami libre. On vient de l'éclairer. Lis : tu connoîtras toute l'horreur de ma situation. (*Il lui donne une lettre.*)

DUMON.

Voyons. (*Il lit haut.*) « Citoyen, le voile est déchiré, » je suis détrompée. J'avois cru jusqu'à ce jour que l'hy- » men réparoit les fautes de l'amour : cette erreur est » détruite, il ne me reste que la honte et le désespoir. » J'ai offensé sans la connoître une femme vertueuse qui » réclame tes sermens... Rends-lui ce cœur volage que tu » m'avois donné... Porte à ses pieds mes larmes et mes » regrets... Tu m'as entraînée dans un piége funeste !...

» tu m'as déshonorée, puisses-tu te pardonner... Que la » paix rentre dans ton cœur, le mien est pour jamais » en proie aux remords !... Adieu... L'amour un instant » fit taire la vertu... Le ciel est juste : il m'en punit.... » Puisse mon exemple effrayer celles qui seroient assez » foibles pour oser m'imiter !

» *P. S.* Votre fils me reste ; c'est un trésor que je » conserve. Je lui consacrerai tous les momens d'une vie » que vous abreuvez de douleurs. ADÈLE CLAIRVAL ».

DORFEUIL.

Tu le vois : ton ami est un monstre indigne de pitié.

DUMON, *réfléchissant.*

Cette femme fut coupable ; mais elle est vertueuse ; son repentir le prouve. Pauvre infortunée ! que je te plains !

DORFEUIL.

Ah ! si tu savois ce qu'il m'a fallu combattre pour en triompher ! Combien je suis criminel ! Aimé de deux femmes charmantes ! déshonorant l'une, trahissant l'autre, je me fais horreur à moi-même !... Ma femme !... Adèle !... suis-je donc né pour faire votre malheur ?

DUMON, *à part.*

Il faut tarir ses larmes ; oui, mon cœur me dicte ce que je dois faire. (*haut.*) Ecoute : tout peut encore se réparer.

DORFEUIL.

Comment ?

DUMON.

Conduis-moi chez cette Adèle.

DORFEUIL.

Je la connois ; elle ne voudra plus me voir.

DUMON.

Je l'en estimerai davantage. Mais moi, qui ne lui point fait de mal, elle me recevra.

DORFEUIL.

Et à quoi cela nous menera-t-il ?

DUMON, *vivement.*

A la sauver du désespoir. Le malheur avilit l'ame ; et qui se méprise est bien près de devenir méprisable. Rendons à la société une femme aimable ; ne privons point la République d'une mère de famille qui peut encore lui donner des défenseurs.

DORFEUIL.

Je ne t'entends pas.

DUMON, *à lui-même.*

Mon parti est pris.

DORFEUIL.

Que veux-tu dire ?

DUMON.

Je veux ramener le calme dans ton ame ; te rendre à tes enfans, à une épouse adorée ; enfin, vous rappeller tous au bonheur.

DORFEUIL.

Comment ? par quel moyen ?

DUMON.

Si son repentir est sincère, si elle a toutes les vertus que tu lui prêtes, je l'épouse cette Adèle. Conduis-moi chez elle ; il faut que je lui parle.

DORFEUIL.

Eh, mon ami ! voudrois-tu braver ?...

DUMON.

Des préjugés ? je saurai les combattre. Adèle, fille, amante, a pu s'oublier ; Adèle épouse et mère saura se respecter. Elle fut foible, coupable, sans doute ; mais le vice n'est pas dans son cœur, et sur un front où peut encore siéger la pudeur, n'imprimons point par un fatal abandon le sceau de l'infamie.

DORFEUIL.

Ah ! cher Dumon ! ma foiblesse est au comble ! si tu savois...

DUMON.

Quoi?

DORFEUIL.

Si elle acceptoit...

DUMON.

Eh bien?

DORFEUIL.

Te l'avouerai-je ? L'idée de la voir posséder par un autre, est pour moi le plus grand des supplices !

DUMON.

Egoïste barbare ! ton cœur atroce n'est pas satisfait de l'avoir déshonorée, tu veux qu'elle soit malheureuse à jamais : tu veux désespérer tout ce qui t'aime et doit t'être cher ! Un ami se sacrifie pour te rendre la paix, et ta jalouse rage ose lui en vouloir ! Suis-je amoureux de cette Adèle ? non, graces au ciel, et je ne connois pas cette funeste passion, qui fait tant d'infortunés ! Mais cette femme est malheureuse, elle a besoin qu'un honnête homme, en lui donnant son nom, la force de s'estimer encore : voilà ce qui me détermine, et non pas un vain caprice ; l'humanité me fait agir, voilà tout.

DORFEUIL.

Ami, pardonne mon égarement... mais Adèle n'a pas de bien...

DUMON.

Tant mieux !

DORFEUIL.

Elle est mère : un fils...

DUMON.

C'est l'enfant de l'amour ; eh bien, l'amitié lui servira de père. Marchons, conduis-moi.

DORFEUIL.

Mais écoute... Ciel ! ma femme !

SCÈNE III.

Les précédens, la citoyenne DORFEUIL, CÉCILE.

La citoyenne DORFEUIL.

AH ! citoyen Dumon, vous m'enlevez mon époux ; vous venez ici vous enfermer, et l'on ne vous vois plus ; je vous en veux.

DUMON.

Vous ne m'en voudrez pas long-temps, je l'espère. Demain, je serai pardonné, et j'ose croire que nous serons tous contens ! Nous allons sortir, il le faut ; ne l'attendez pas de bonne heure.

La citoyenne DORFEUIL, *à part*.

Que veut-il dire ? (*à Dumon.*) Adieu, Dumon. (*à son époux.*) A revoir, mon ami ; le plutôt possible.

CÉCILE.

Bon soir, papa.

DORFEUIL, *attendri*.

Cécile... ma fille... demain... ta mère... (*à part à Dumon.*) Ah ! sortons... Les larmes...

DUMON.

Allons, allons. (*ils sortent.*)

SCENE IV.

La citoyenne DORFEUIL, CÉCILE.

CÉCILE.

MAMAN, que veut donc dire papa? il étoit attendri en m'embrassant : il est toujours triste, et toi tu pleures sans cesse! cela me dégoûte furieusement du mariage.

La citoyenne DORFEUIL.

Cécile, chaque état a ses peines; mais celles d'une mère sont effacées par l'estime et la tendresse de ses enfans.

CÉCILE.

Oui; mais si Linval alloit m'oublier, s'il devenoit indifférent, comme papa?

La citoyenne DORFEUIL, *à part.*

O danger de l'exemple! (*haut.*) Ma fille, ton père me préfère à tout. M'entends-tu plaindre de lui?

CÉCILE.

Tu es trop discrète; mais j'ai des yeux, et je crains que Linval n'imite....

La citoyenne DORFEUIL.

Ecoute-moi, Cécile : bientôt l'hymen doit t'unir à ton amant; ne crois pas, quelqu'aimable que tu puisses être, que tu seras toujours l'objet que son cœur préfèrera : soumets d'avance ton amour-propre, si tu ne veux te rendre malheureuse. Un homme peut avoir un instant de foiblesse; nous ne devons pas pour cela en désespérer; c'est à nous à le rappeller à la vertu : mais une femme, Cécile, qui peut s'oublier, ne fusse qu'un moment, s'avilit pour toujours. Mon amie, ma fille, que tes soins, ta douceur, te fassent paroître la plus aimable aux yeux de ton époux.

Peu d'humeur ; combien j'ai vu de ménages désunis par cette seule cause ! un mari mal reçu chez lui, n'y rentre pas avec plaisir.

CÉCILE.

Ah ! jamais Linval à son retour ne m'entendra gronder.

La citoyenne DORFEUIL.

Ma fille, la conquête d'un époux est difficile à conserver ; souviens-t-en : aye de la prudence ; pas de finesse ; orne ton esprit ; cultive les talens qu'il préfère ; sur-tout, sois délicate, mais point jalouse ; je te le répète, Cécile, sévérité pour toi-même, indulgence pour ton mari.

CÉCILE.

Tes conseils seront ma loi : mais permets une réflexion : les devoirs sont-ils tous de notre côté, et un mari n'a-t-il pas les siens ?

La citoyenne DORFEUIL.

Sans doute ; il doit être bon père, bon époux ! Linval ne l'ignorera pas. Mais je ne puis te cacher que ses devoirs sont plus bornés que les nôtres.

CÉCILE.

Que ces hommes sont heureux !

La citoyenne DORFEUIL.

Oui, mon amie. Mais comptes-tu pour rien l'embarras des affaires, le soin de pourvoir à l'entretien de leur famille, leurs travaux pénibles, l'opprobre attaché à leur foiblesse ? Ils volent aux combats, ils exposent leurs jours pour conserver les nôtres ; les François font tout pour la Patrie et l'honneur : ne devons-nous pas les chérir et les récompenser par les plus tendres soins ?

CÉCILE.

Ah ! si tu plaides leur cause, elle est gagnée.

La citoyenne DORFEUIL, *regardant à sa montre.*

Mais il est tard ; allons faire un tour de jardin, etc.

ainsi tu te retireras dans ta chambre. Tu te lèves matin ; et il faut te reposer de bonne heure. (*elle appelle.*) Julie !... Julie !...

SCENE V.

Les précédens, JULIE.

JULIE.

CITOYENNE?

La citoyenne DORFEUIL.

Tu diras à tout le monde qu'il est inutile d'attendre mon mari. Je veillerai.

JULIE.

Tous les jours la même chose !

La citoyenne DORFEUIL.

Je ne pourrai dormir, il vaut mieux que je reste levée.

CÉCILE.

Et ta santé en souffre?

La citoyenne DORFEUIL.

Non, je t'assure. (*à Julie.*) Tu n'oublieras pas, Julie?

JULIE.

Non, Citoyenne.

SCENE VI.

JULIE *seule, la regardant sortir.*

PAUVRE femme ! tu méritois un autre sort ! Que je te plains ! Oh ! les maudits hommes !... si j'en avois un comme celui, je me connois, je lui arracherois les yeux... Je n'en puis revenir... Ce citoyen Dorfeuil, que j'ai vu si tendre, si prévenant, comme il est changé !... ça me passe... il ne l'aime plus... une autre à su lui plaire, c'est sûr... et son épouse est maintenant délaissée... Eh bien, aimez-les donc, voilà votre récompense... ils sont tous de même...

SCÈNE VII.

JULIE, FRANÇOIS, *se trouvant proche de Julie.*

JULIE.

AH! c'est toi? on te rencontre par-tout aujourd'hui.

FRANÇOIS.

Tu te trompes. C'est que tu penses sans cesse à moi.

JULIE.

Le ciel m'en préserve; tu me crois donc folle?

FRANÇOIS.

Oui: de moi.

JULIE.

L'imbécille!

FRANÇOIS.

Ce qui me plaît en toi, c'est que tu es toujours de bonne humeur.

JULIE.

Dans une maison où il y a des hommes, ne faut-il pas toujours gronder?

FRANÇOIS.

Mais, que t'a fait mon pauvre maître, pour tant lui en vouloir?

JULIE.

Rien, à moi: mais, je crie pour celles qui en sont victimes.

FRANÇOIS.

Tu es bien charitable!

JULIE.

Je suis comme cela. Mais, voyons, finissons; ta conversation m'ennuie: va te coucher.

FRANÇOIS.

Le citoyen Dorfeuil n'est pas rentré.

JULIE.

Sa femme ne veut pas qu'on l'attende ; elle veillera.

FRANÇOIS.

Seule !

JULIE, *ironiquement.*

Veux-tu lui faire compagnie ?

FRANÇOIS.

Pourquoi pas ? tu sens bien, toi ; et avec tes longues jérémiades, tu la tourmentes, voilà tout.

SCENE VIII.

Les précédens, la citoyenne DORFEUIL.

La citoyenne DORFEUIL.

MES enfans, vous pouvez vous retirer.

FRANÇOIS.

Et vous laisser ?

La citoyenne DORFEUIL.

Vous savez que c'est mon habitude.

JULIE.

Elle m'afflige. Souffrez...

La citoyenne DORFEUIL.

Allez, mes enfans, retirez-vous.

FRANÇOIS, *à part.*

Cela ne m'empêchera pas d'attendre en bas.

JULIE.

Si j'étois à votre place, Citoyenne, ceux qui rentrent quand tout le monde dort, ne m'inquiéteroient guères ; et je....

La citoyenne DORFEUIL.

Mon époux est libre de rentrer quand il lui plaît; il suffit : laissez-moi.

FRANÇOIS, *à Julie, en s'en allant.*

On ne veut pas de toi.

JULIE *de même.*

Eh, que t'importe?

FRANÇOIS.

Bon soir, Julie.

JULIE.

C'est bon. (*Ils sortent chacun d'un côté opposé.*)

SCENE IX.

La citoyenne DORFEUIL, *seule. Elle s'assied.*

VOICI donc le seul instant du jour où je puis m'entretenir avec ma douleur... Ces larmes, que je retiens, à peine peuvent couler, elles me soulagent... Ce cœur oppressé en a besoin... O mon époux! toi, que j'idolâtre! tu veux donc ma mort?... Jamais, non, jamais, tu ne sauras tous les tourmens... je ne peux plus douter de mon infortune... Ce portrait, en m'éclairant, a comblé mon malheur. (*elle tire un médaillon de son sein.*) Le voilà... il ne me quitte pas... sans cesse je le considère... je cherche à composer mes traits sur ceux de ma rivale... j'imite son ajustement... je voudrais pouvoir lui ressembler... faire illusion à Dorfeuil... Ah! femme cruelle!... si tu connaissais ce cœur que tu déchires... Mais que dis-je? le crime s'inquiète-t-il des pleurs qu'il arrache à la vertu?... Peut-être qu'elle ignore... Non... (*elle regarde à sa montre qu'elle a posée sur sa table en entrant.*) Minuit... ah! ce n'est point encore l'heure... (*elle se lève.*) Que je souffre!... Dorfeuil, pendant quatorze ans tu fis mon bonheur, et maintenant... Mais il reviendra

à

à moi ; je me rappelle ces mots de Dumon, de son ami... Bientôt, m'a-t-il dit, nous serons tous contens. (*elle prête l'oreille.*) On vient... (*elle se rassied.*) Non, tout dort, et moi je veille pour gémir... Hier encore, cachée sous l'escalier de son appartement, j'appelais cet époux infidèle. Là sans lumière, je ne pouvois compter les minutes ; mais je calculois les battemens de mon pauvre cœur. N'entends-je pas du bruit ?... écoutons... (*On entend derrière le théâtre : Bonsoir, François ; je te remercie*) Je ne me suis pas trompée... Ciel ! exaucerois-tu mes vœux ?... Dorfeuil, honteux de ma peine, la feroit-il cesser ? Ah ! je vais donc, plus calme, goûter quelques heures de repos. (*vivement.*) Être suprême, écoute ma prière : rappelle les vertus au cœur de mon époux ; fais naître le repentir dans son ame ; rends à mes enfans ce père chéri ! Quel jour pour moi, où, pressant ce coupable sur mon sein, je pourrai m'écrier : ah ! le bonheur m'est donc enfin rendu !

FIN DU SECOND ACTE.

LE MARI COUPABLE.

ACTE III.

SCÈNE PREMIÈRE.

DORFEUIL, *seul. Il fait nuit.*

Le repos me fuit.... je ne puis sommeiller... le trouble... les remords déchirent mon ame... Depuis long-tems l'enfer est dans mon cœur... il faut sortir de cet état horrible!.. il faut tout avouer à ma femme... Oui, je vole à ses pieds.. je vais lui dire : *épouse sensible, tes charmes, tes vertus, ta douceur, rien n'a pu fixer ton époux coupable ! il t'a trompée cruellement !... accable-le de ta haine... implore la loi... brise des nœuds si peu respectés... abandonne..* Ciel ! que dis-je ?... Ah ! plutôt, chère épouse, pardonne, pardonne au père de tes enfans... (*il se rassied.*) Mais que les heures s'écoulent lentement... le jour paroît à peine... Qu'est devenu le tems où ma femme embellie par un doux repos, venoit au lever de l'aurore se précipiter dans mes bras ! Les caresses innocentes de Cécile et de ses frères pénétroient jusqu'à mon cœur... Quel changement !... tout a fuis loin de moi.... Ah, dieux !... Mais j'entends du bruit.. ah! c'est toi, bon François ! pourquoi te lever si matin ?

SCENE II.

DORFEUIL, FRANÇOIS.

FRANÇOIS.

Mais, vous-même, vous êtes éveillé de bonne heure? Seriez-vous comme moi? depuis quelque tems, je dors mal.

DORFEUIL.

C'est peut-être moi qui trouble...

FRANÇOIS.

Non, pas du tout; d'ailleurs, quelqu'un ici doit-il vous faire des reproches?

DORFEUIL.

Oui: tout Citoyen a le droit de reprendre son frère lorsqu'il s'égare.

FRANÇOIS.

Mon cher maître!

DORFEUIL.

Ton maître? Ah! tu ne m'estimes plus, tu crains de me nommer ton ami.

FRANÇOIS.

Je vous estime encore; je vous chéris! mais je gémis, je l'avoue, de voir le trouble au sein d'un bon ménage. La citoyenne Dorfeuil cache en vain ses pleurs; je lis dans son ame, elle souffre...

DORFEUIL.

Des tourmens affreux, François, et je suis son bourreau!

FRANÇOIS.

Vous?... eh! pourquoi ne pas faire cesser...

DORFEUIL.

Mon ami, je ne peux t'instruire; mais ce jour, je l'espère, va tout changer. Dis-moi, que fait...

FRANÇOIS.

Elle repose encore; du moins, je le crois.

DORFEUIL.

Ah! que l'on respecte son sommeil! gardez-vous de le troubler.... (*à part.*) Hélas! le chagrin l'attend au réveil.

FRANÇOIS.

Combien cette attention la flattera, lorsqu'elle saura que vous..... Mais voici déjà le citoyen Dumon.

DORFEUIL.

Il vient... ah! je respire... Oui, nous avons affaires.... il faut.... François...

FRANÇOIS.

Je me retire. (*Il sort.*)

SCÈNE III.

DORFEUIL, DUMON.

DORFEUIL.

ARRIVE donc, ami cruel! peux-tu m'abandonner ainsi?

DUMON.

Supporte avec plus de courage le mal que tu t'es fait toi-même. Mais avant de te rendre aucun compte, dis-moi, es-tu décidé à retourner dans le chemin de la vertu? es-tu décidé à tout avouer à ta femme? je crois qu'elle a des soupçons: du caractère dont elle est, la franchise seule peut obtenir ta grace; mais sur-tout point de détour.

DORFEUIL.

De quel trait je vais la frapper! Non, je n'oserai jamais..... Ami, accuse-moi toi-même, peins-lui l'excès de mon repentir!

DUMON.

Y penses-tu ? tout ce qu'un ami peut dire en pareil cas, vaut-il un seul regard d'un coupable chéri ? Je pourrois l'émouvoir, tu la persuaderas.

DORFEUIL.

Il faudra donc m'y résoudre.... Mais dis-moi, Adèle ?...

DUMON.

Elle se repent et te méprise.

DORFEUIL, *piqué.*

La haine dans son cœur a remplacé l'amour.

DUMON.

Adèle ne connoît point la haine ; mais elle connoît l'honneur. Dès qu'elle a su que la foiblesse étoit un crime, elle a chassé sans retour une funeste passion.

DORFEUIL.

Et sans doute, elle accepte l'offre de ta main ?

DUMON.

Elle la refuse.

DORFEUIL, *avec une joie concentrée.*

Elle la refuse ?

DUMON, *froidement.*

Pas pour long-tems, je l'espère.

DORFEUIL.

Peut-être qu'à force de soins....

DUMON.

Je n'ai point envie de la séduire, je ne veux point lui faire ma cour : Adèle va partir pour la campagne ; moi seul sais le lieu qu'elle doit habiter ; mais je ne la reverrai que pour lui donner la main ; et si elle s'obstine à la refuser, je saurai ce qui me reste à faire : oui, si je ne suis pas son époux, je serai son père : ainsi, de toute manière Adèle est perdue pour toi sans retour. Tu ne dois plus la revoir que femme ou fille de ton ami, et souviens-toi bien qu'aucun de ces deux titres ne sauroit supporter un affront.

D'ORFEUIL.

Ah! qu'elle soit heureuse! voilà mon seul desir. L'image de mon épouse remplit mon cœur, j'ose te l'assurer.

DUMON.

Eh bien, vas la trouver.

DORFEUIL.

Mon ami, si je lui écrivois?

DUMON.

Soit. Mais à condition que tu remettras la lettre toi-même, et que tu attendras la réponse.

DORFEUIL.

Voyons..... (*Il se met au secrétaire.*) Par où commencer? (*Il écrit.*)

DUMON, *à part, et voyant paroître Cécile dans le fond du théâtre.*

Il balance; Adèle l'occupe encore.. Sa fille?... Il me vient une idée; engageons-la à feindre qu'elle ne veut plus se marier. Il frémira de la défiance que sa conduite a portée dans ce jeune cœur... Oui, l'amour, l'amitié, la nature doivent s'unir pour le rendre à lui-même; elles triompheront, je n'en doute pas. (*haut.*) Eh bien, ta lettre?

DORFEUIL.

Je ne puis écrire... je préfère.....

DUMON.

Parler? et cela vaut mieux.

SCÈNE IV.

Les précédens, CÉCILE.

DORFEUIL.

BONJOUR, Cécile. Ta mère?...

CÉCILE.

Elle reposoit encore, il n'y a qu'un moment. Julie n'a pas voulu me permettre d'entrer : mais si elle est levée, vas près d'elle, cela la rendra bien contente!

DORFEUIL.

Oui, je vais... Tiens compagnie à Dumon.

CÉCILE.

Volontiers.

SCÈNE V.

DUMON, CÉCILE.

CÉCILE.

QUE j'aime à vous voir, cioyen Dumon, le bonheur et la joie vous suivent sans cesse.

DUMON.

Ce compliment est bien flatteur! je travaille à le mériter. (*à part.*) Faisons-lui part de mon projet. (*haut.*) Cécile, j'ai quelque chose à vous communiquer.

CÉCILE.

A moi, Citoyen? est-ce un secret?

DUMON.

Oui, et d'où peut dépendre en partie le bonheur de vos parens.

CÉCILE, *vivement.*

Ah ! parlez, parlez vite, si cela peut empêcher maman de s'affliger.... car je ne le dis qu'à vous, je la crois malheureuse.

DUMON.

Promettez-moi de faire tout ce que je vous dirai.... autrement.....

CÉCILE.

Ah ! je vous le promets, sure que vous ne voulez que le bien.

DUMON.

Ecoutez-moi, Cécile : il faut dire à votre père que vous renoncez à votre union avec Linval, que vous le priez de ne pas vous contraindre à l'épouser, que le mariage vous effraie.

CÉCILE.

Mais papa voudra savoir la raison....

DUMON.

Vous paroîtrez craindre qu'un jour Linval ne soit inconstant.

CÉCILE.

Vraiment, je le crains bien aussi; mais maman dit que c'est presque impossible autrement, et s'il faut avoir quelques chagrins en ménage, j'aime mieux souffrir avec Linval qu'avec tout autre.

DUMON.

Il sera votre époux; mais feignez un instant seulement.

CÉCILE.

Et que dira Linval ?

DUMON, *vivement.*

Il gémira, attaquera le cœur de votre père, et sa douleur servira mon projet.

CÉCILE.

Il peut être fort bon ce projet-là, mais il est bien cruel

pour ce pauvre Linval!.... Je réfléchis : ne puis-je pas lui dire que ce n'est qu'une feinte?

DUNON.

Gardez-vous-en bien ; alors sa douleur ne seroit plus sentie, et vous n'auriez rien fait. Souvenez-vous, Cécile, de votre promesse : le repos de votre mère en dépend. Laissez verser quelques larmes à l'amour, elles tarissent celles de la nature. J'apperçois Linval, je vous laisse. Pensez à votre mère. (*Il sort.*)

SCÈNE VI.

CÉCILE, LINVAL.

LINVAL, *accourant.*

BONJOUR, belle Cécile ; je viens de bonne heure : nous allons faire de la musique ; j'apporte un *Duo* délicieux, qui vous fera plaisir.

CÉCILE, *à part.*

Il sera bien récompensé de sa peine.

LINVAL.

Vous ne dites rien? cet accueil est tout-à-fait gracieux!

CÉCILE, *à part.*

Le voilà déjà fâché! je vous demande ce que ce sera quand j'aurai parlé?

LINVAL.

De grace, répondez-moi.

CÉCILE, *embarrassée.*

Ah! Linval! vous ne savez pas? j'ai bien des choses à vous dire ; mais....

LINVAL.

Vous êtes contrainte : ah! parlez : vous savez combien j'aime à partager vos peines et vos plaisirs.

CÉCILE.

Vraiment oui, je le suis bien. (*à part.*) Ah! mon dieu; jamais je ne me tirerai de là.

LINVAL.

Eh bien, quel est donc ce secret? confiez-moi.....

CÉCILE.

Oh! je ne peux pas. Mais si vous me promettez de ne pas trop vous affliger, je pourrai vous apprendre....

LINVAL.

Tirez-moi donc de l'inquiétude où vous me jettez. Quel malheur.....

CÉCILE.

Je parie que si je parle, vous allez croire que c'en est un?

LINVAL.

Expliquez-vous; je puis tout supporter, hors votre indifférence.

CÉCILE.

Ah! par exemple, je ne suis pas forcée de vous dire que je ne vous aime pas.... mais....

LINVAL.

[illegible]

CÉCILE.

Il faut renoncer à ma main, absolument il le faut.

LINVAL.

Renoncer à vous! Quoi! Cécile, vous m'annoncez l'arrêt de ma mort, et vous me l'annoncez avec cette indifférence?... Mais je le vois, vous voulez m'éprouver; et....

CÉCILE, *à part.*

Le coup est porté, tenons ferme à présent. (*haut.*) Non, Linval, je renonce à vous; et il faut même que vous en soyez fâché.

LINVAL.

Ce ton d'ironie m'éclaire. Je vous déplais, et vous avez

une manière toute nouvelle de le dire. Ah, Cécile ! je n'aurois jamais cru que tant de noirceur pût entrer dans votre ame ! Adieu, je souhaite qu'un autre fasse votre bonheur ! adieu pour toujours.

CÉCILE, *à part.*

J'étouffe ! je vais parler. (*arrêtant Linval.*) Linval ; écoutez : je vous aime, vous le savez. Affligez-vous, puisqu'il le faut ; mais ne m'en voulez pas. Allez trouver mon père.

LINVAL.

Eh ! que lui dirai-je ? c'est vous qui me refusez ; ce n'est pas lui qui me rejette.

CÉCILE.

Oh, mon dieu, non ; tout au contraire, il me forcera à vous épouser, et voilà ce qu'il faut pour bien faire.

LINVAL.

Non, ne craignez rien : non, perfide ! je ne sais point contraindre un cœur qui me méprise et m'insulte.

CÉCILE.

Mais croyez....

LINVAL.

C'est assez, Cécile.... Cécile, vous voulez ma mort ; vous serez satisfaite.

CÉCILE.

Linval, parlez à mon père ; peignez-lui votre désespoir. Je ne puis vous en dire davantage. (*à Linval, qui sort malgré elle.*) Mais de grace, parlez-lui de mon refus. (*elle lui crie :*) Ne l'oubliez pas.

SCÈNE VII.

CÉCILE *seule.*

Il sort furieux !... Voyez donc dans quel embarras me met le citoyen Dumon ! Linval se désespérera, dit-il, et il le fait. Comme j'ai souffert ! mais si cela doit rendre heureuse ma bonne maman, alors tout est bien !... oui, mais si Linval alloit partir ! oh ! non, il m'aime trop ! il réfléchira à notre conversation, il verra bien qu'elle avoit quelque chose d'extraordinaire, et que sa Cécile ne peut, sans raison, l'affliger ainsi.

SCENE VIII.

CÉCILE, DORFEUIL, DUMON.

CÉCILE, *allant au-devant de son père.*

Ah ! papa, vous avez dû rencontrer Linval ?

DORFEUIL, *sévèrement.*

Oui, il se désespère. Vous le refusez, m'a-t-il dit. Vous voulez donc nous rendre tous malheureux ! et d'où vient ce caprice ?

DUMON, *bas à Cécile.*

Du courage ! voici l'instant.

CÉCILE, *timidement.*

Ce n'est point un caprice ; j'ai réfléchi. Linval est aimable ; il m'est cher ! mais je crains qu'un jour il ne vienne à changer, et que les larmes ne soient mon partage.

DORFEUIL, *à part.*

Voilà donc le fruit de ma conduite ! Encore une victime ! Non, ne souffrons pas que cet enfant... Tout se réunit pour m'accabler.... il est tems de faire cesser.... (*haut.*) Cécile, ma fille, Linval fera ton bonheur : mais cours chercher ta mère. Dis-lui qu'elle m'accorde un instant d'entretien, Il faut que je lui parle, il le faut absolument.

CÉCILE.

J'y vole. (*à part, en s'en allant.*) Ah! bientôt, je le vois, je pourrai détromper Linval. (*elle sort.*)

SCÈNE IX.

DORFEUIL, DUMON.

DUMON.

QUOI! tu sors décidé, tu vois ta femme, tu lui parles; et tu n'en es pas plus avancé?

DORFEUIL.

Je n'ai pu me résoudre.

DUMON.

Si tu avois autant hésité à commettre la faute qu'à la réparer, tu n'aurois jamais été coupable : vois ta fille : pauvre enfant! elle a vu gémir ton épouse, elle a craint de devenir mère. Le froid égoïsme alloit entrer dans cette ame franche et remplie de candeur, il alloit la dégrader. Pères de famille, soignez vos mœurs, elles influent sur tout ce qui vous entoure : vous devez compte à vos descendans de toutes vos actions. Dorfeuil, qui chérit la vertu, chérit la République. Eh, dis-moi; que deviendroient nos neveux si les vices de leurs pères les forçoient à rougir de notre mémoire? Génération future, objet de mon espérance, vous serez des héros, vous jouirez de nos travaux, vous les bénirez sans cesse. Mon cœur me l'annonce; oui, je veux qu'un jour vous pleuriez sur nos tombes, en disant : soyons dignes d'eux, ils furent dignes de nous.

DORFEUIL.

Cher ami! tes conseils me ramènent au chemin de l'honneur. Hélas! sans toi, sans la douceur de ma femme, que serois-je devenu? Ciel! la voici; ne me quittes pas.

DUMON.

Un tiers seroit importun, je te laisse. Espères en ses vertus, et crois qu'un repentir sincère peut obtenir grace.

(*Il sort.*)

SCENE X.

DORFEUIL, la citoyenne DORFEUIL.

La citoyenne DORFEUIL.

Tu me demande, me voilà, que desires-tu?

DORFEUIL, *embarrassé.*

Mon amie... le plaisir de te voir... d'être avec toi...

La citoyenne DORFEUIL.

Cher Dorfeuil! que ce jour est beau pour moi! que ces mots sont doux! il y a bien long-tems que ton épouse ne les avoit entendus! pardonnes-moi ce reproche. L'excès de mon amour t'importune peut-être?

DORFEUIL.

Non, non, et je n'espère qu'en lui.

La citoyenne DORFEUIL.

En aurois-tu jamais douté?

DORFEUIL.

Que je serois malheureux!

La citoyenne DORFEUIL.

Cher ami, ouvres-moi ton cœur. Que puis-je pour mon époux?

DORFEUIL.

Il faut faire un effort sur tes sentimens; mais un effort

dont toi seule es capable.... Il faut.... mais non, je crains de parler, je vais te désespérer, jamais tu ne pourras...

La citoyenne DORFEUIL, *à part.*

Ciel! je frémis! Voudroit-il se séparer? (*haut.*) S'il... est... nécessaire... que je m'éloigne.... s'il faut.... qu'un éternel adieu.... nous.... désunisse... prononce: je pourrai, pour te plaire, me résoudre à mourir.... Mais cruel! as-tu bien réfléchi!... penses-tu qu'une autre puisse....

DORFEUIL, *l'interrompant.*

Moi, te quitter?.... m'en préserve le ciel.... Mais tu ne connois pas toute l'étendue de ma faute? Si tu savois...

La citoyenne DORFEUIL.

Je sais tout.

DORFEUIL.

Quoi! tu sais?.....

La citoyenne DORFEUIL.

Qu'on m'avoit ravi ton cœur.

DORFEUIL.

Et jamais un reproche n'est sorti de ta bouche?

La citoyenne DORFEUIL.

Des reproches? mon ami, ta haine les eût bientôt suivis. J'ai cherché à te paroître plus aimable, à te faire repentir de m'avoir préféré....

DORFEUIL.

N'achève pas. Ta vertu m'accable. Je suis à tes genoux. grace, grace à ton époux.

La citoyenne DORFEUIL, *le relevant.*

Que fais-tu là? Si nos enfans voyoient leur père à mes pieds, ils le croiroient coupable. Viens contre mon cœur. Ton pardon est là. Tu m'es rendu, tous est oublié.

DORFEUIL.

Que je sois anéanti, si jamais....

La citoyenne DORFEUIL.

Laisse là tes sermens ; embrasse ton amie.

DORFEUIL, *tombant dans les bras de sa femme.*

Chère épouse !... mais qui a donc pu t'instruire de mon égarement ?

La citoyenne DORFEUIL, *tirant le portrait de son sein.*

Ce portrait.

DORFEUIL.

Que vois-je ? Adèle !

La citoyenne DORFEUIL.

Ton imprudence a dû t'inquiéter ? Mais je n'ai pu résister à l'envie de m'en emparer. Je le portois dans mon sein, je le contemplois sans cesse, j'enviois cette beauté fatale qui m'enlevoit le cœur de mon époux !

DORFEUIL.

Femme unique ! laisse-moi t'adorer. Ta vertu est plus qu'humaine ! Mais en l'approchant de ton cœur, ce portrait devoit le déchirer ?

La citoyenne DORFEUIL.

Il a souvent fait couler mes larmes.

DORFEUIL.

Adèle, Adèle ! si tu voyois cet ange, tu périrois de désespoir !

La citoyenne DORFEUIL.

Elle est donc capable de repentir ?

DORFEUIL.

Elle ne fut que foible. Elle ignoroit que des liens sacrés.

La citoyenne DORFEUIL.

Malheureuse !

DORFEUIL.

Adèle, abandonnée à elle-même, fut séduite par un monstre à qui tu viens de pardonner. Sans lui cette fille peu fortunée, mais honnête, seroit encore innocente et tranquille.

La

La citoyenne D o r f e u i l.

Belle et peu fortunée, dis-tu, mon ami; je crains tout pour elle. Une première faute entraine souvent dans l'abîme. Je veux lui servir de mère, voler à son secours, je veux que celle qui fut aimée de mon époux, ne le force jamais à rougir. Tes dons l'humilieroient, les miens la consoleront.

SCÈNE XI et dernière.

Les précédens, DUMON, CÉCILE, LINVAL.

D o r f e u i l, *à Dumon et à ses enfans.*

Mon ami, mes enfans, tombez tous à ses pieds, elle me pardonne.

La citoyenne D o r f e u i l.

Que dis-tu? je te console.

C é c i l e, *à son père.*

A présent, tu ne nous quitteras plus?

D o r f e u i l.

O ma fille, quelle mère le ciel t'a donnée! (*donnant à Dumon le portrait d'Adèle.*) Dumon, ceci t'appartient. (*à sa femme.*) Si tu savois tout ce qu'il a fait pour moi?

La citoyenne D o r f e u i l, *à Dumon.*

Que veut-il dire?

D u m o n.

Nous vous expliquerons tout cela; vous êtes heureuse, mon but est rempli.

La citoyenne D o r f e u i l, *bas à Dumon, en indiquant le portrait.*

Cette infortunée ne l'est pas. Il faudra nous occuper....

DUMON.

Femme adorable ! votre bonté ne peut m'étonner ; mais j'ai tout prévu.

DORFEUIL.

Ma chère Cécile, veux-tu donc toujours affliger Linval ? vois sa tristesse, il attend son arrêt.

CÉCILE.

Le bon hypocrite ! il le sait déjà.

DORFEUIL.

Quoi ! tu t'obstines à....

CÉCILE.

L'épouser, papa. Il m'a tant promis d'être constant.

DORFEUIL.

Il le sera ; et si jamais il avoit besoin d'un exemple ; ton père lui en donneroit un terrible, qui le sauveroit du danger.

CÉCILE.

Linval, tu ne m'en veux plus ? ah ! dis-moi que ton cœur est content.

LINVAL.

C'est aujourd'hui le plus beau jour de ma vie !

DORFEUIL.

Dans un mois au plus tard, Cécile sera ta femme.

LINVAL.

Cher Dorfeuil, abrégeons ce siècle de souffrances. Mettons cela à la décade prochaine. Je suis raisonnable.

DORFEUIL, *bas à Cécile.*

Cécile, que lui répondrai-je ?

CÉCILE, *bas à son père.*

Oui.

DORFEUIL, *à Linval.*

Elle y consent.

DUMON, *en l'embrassant.*

Mon cher Dorfeuil, de quel poids ton cœur doit être

apologie à Cécile ; je vais te [illegible] ; n'oublies pas que les vertus et la douceur peuvent seules captiver l'amour. Linval, la pente qui conduit au crime est douce et facile ; mais souviens-toi que les larmes et les regrets sont le prix d'un instant d'erreur. Sur-tout, chers amis, rappelons-nous sans cesse que la Patrie a les yeux ouverts sur tous les Citoyens, et nous serons toujours dignes d'elle ; que nos mœurs pures, nos cœurs innocens : les remords, le rep[illegible] ment à la vertu ; [illegible] vous bien plus dignes de s'écarter jamais.

FIN DU TROISIÈME ET DERNIER ACTE.

On trouve chez le [illegible] Lib[illegible], les pièces de th[illegible] ci-après.

[illegible]gricol Vi[illegible] jeune Héros de la Durance, fait h[illegible], en un acte, et chant. . [illegible]

Amour et Valeur, ou la Gamelle patriotique, en deux actes. 1 5

[illegible] de [illegible] Point, ou le [illegible] de- [illegible] fou, en deux actes. . . . . [illegible] 5

[illegible]ite Égalité, ou les Tu et Toi, com. en trois [illegible] 1 10

[illegible]ort du jeune Barra, drame en un acte, par le citoyen Briois. 1 5

Le Bienfait récompensé, com. un acte, en prose. 1 5

Les Crimes de la Noblesse, ou le Régime féodal, pièce en cinq actes, par la citoyenne Villeneuve. 1 10

Les Dragons et les Bénédictines, comédie en deux actes, par le citoyen Pigault-Lebrun. . . . 1 10

Les Dragons en Cantonnement, comédie en un acte, par le même. 1 10

Charles et Caroline, ou les Abus de l'ancien Régime, comédie en cinq actes, en prose avec les changemens, par le même. 1 10

L'Orphelin, comédie en trois actes, par le même. 1 10

Le Sourd, ou l'Auberge pleine, com. en trois actes. 1 10

Les Peuples et les Rois, allégorie dramatique, par le citoyen Cizos-Duplessis. 1 10

Les Victimes cloîtrées, drame en quatre actes. . 1 10

Le véritable Ami des Loix, ou le Républicain à l'épreuve, en deux actes, de la citoyenne Villeneuve. 1 10

L'Intérieur d'un Ménage Républicain, op. com. en un acte et vaudevilles, de Chastenet . . . 1 10

La vraie Bravoure, com. en un acte. 1 5

L'Intrigue épistolaire, com. en cinq actes, en vers. 1 10

Paul et Virginie, opéra en trois actes. 1 10

Zélia, drame en trois actes, mêlé de musique. . 1 10

Epicharis et Néron, ou Conspiration pour la Liberté, tragédie en cinq actes, par Legouvé. . . . 1 10

L'École du Village, comédie en un acte, mêlée d'ariettes. 1 10

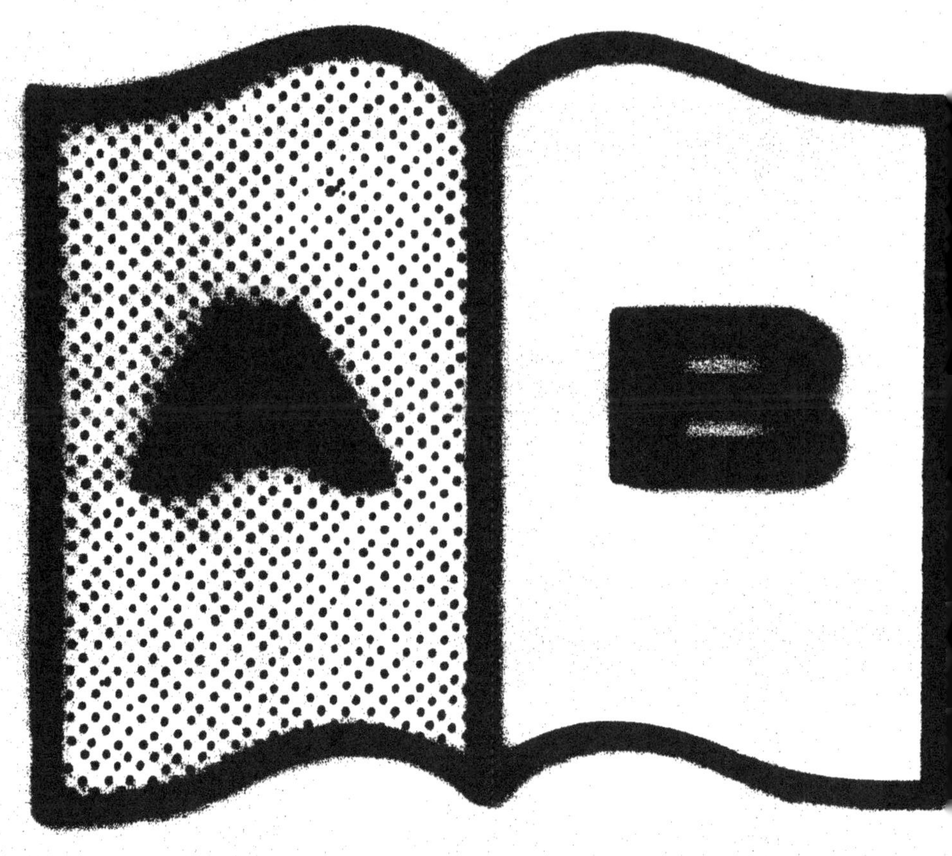
A
B

www.ingramcontent.com/pod-product-compliance
Lightning Source LLC
LaVergne TN
LVHW010057230826
846091LV00005B/1966

* 9 7 8 2 0 1 2 7 2 8 6 7 7 *